Augen zu und singen!

In diesem Werk wird eine geschlechtssensible Sprache angewandt, die auch Doppelungen und Neutralisierungen beinhaltet. Soweit es sich aus ästhetischen Gründen oder aus Gründen der besseren Lesbarkeit nicht vermeiden lässt, wird das generische Maskulinum verwendet, das Frauen und Männer einschließt. Die verkürzte Sprachform hat redaktionelle Gründe und ist wertfrei.

Für die Inhalte von den in diesem Buch abgedruckten Internetseiten sind ausschließlich die Betreiber der jeweiligen Internetseiten verantwortlich. Der Verlag hat keinen Einfluss auf Gestaltung und Inhalte fremder Internetseiten. Zum Zeitpunkt der Verwendung waren keinerlei illegale Inhalte auf den Webseiten vorhanden.

Erste Auflage | August 2023

Die Deutsche Nationalbibliothek verzeichnet diese Publikation in der Deutschen Nationalbibliografie; detaillierte bibliografische Daten sind im Internet über http://dnb.d-nb.de abrufbar.

Umschlag & Satz: Peter Amsler, Berlin
Foto: erikoangelo.com
Druck & Bindung: Nordmann Druck, Jerusalem
ISBN: 978-3-947831-98-2

www.erzaehlverlag.de

Klimaneutral
Druckprodukt
ClimatePartner.com/14701-2102-1004

Nadin Isu

Augen zu und singen!

Warum Singen so wichtig für dein Leben ist und wie du es lernen kannst

Der Erzählverlag

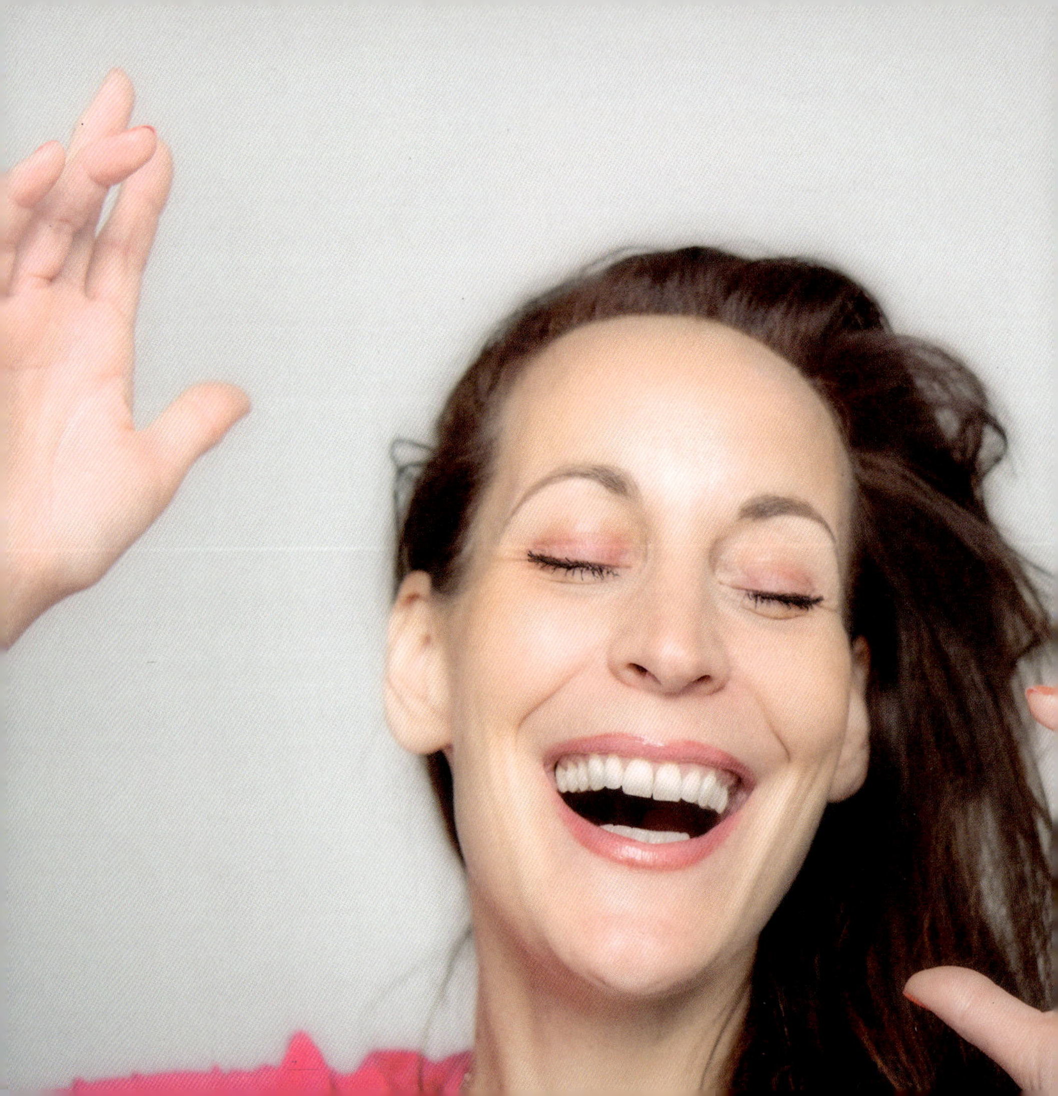

Inhalt

Singen ist etwas
ganz Natürliches und
einfacher als gedacht

Der Anfang

Keiner in meiner Familie ist Künstler von Beruf. Vielleicht gibt es ein paar Lebenskünstler, wie es eben manchmal die südländische Art meiner Vorfahren ist, aber das zählt ja eigentlich nicht. Also musste ich mir diesen Weg selbst ebnen, zwar mit ihrer Unterstützung und der Hilfe großartiger Mentoren, die immer wieder meinen Weg kreuzten und mich an die Hand nahmen, aber im Grunde hing die Hauptarbeit an mir: Mich als Künstlerin zu finden!

Als junges Mädchen war ich mir sicher, irgendetwas konnte nicht mit mir stimmen. Ich war so anders als die Leute um mich herum. Ich hatte den Drang, mich künstlerisch auszudrücken. Ich spielte, ich malte, ich tanzte, ich sang, mit einer Intensität und Leidenschaft, die mich alles um mich herum vergessen ließ. Ich nervte meine Mitmenschen, denn ich war laut, zügellos, ständig voller Energie und neuer Ideen. Ich versuchte, mich anzupassen, vor allem in der Schule, aber es brach immer wieder durch. Erst als ich anfing, professionellen Tanz- und Gesangsunterricht zu nehmen und mir klar wurde, dass man so etwas auch studieren und später sogar beruflich ausüben kann, konnte ich mich beruhigen und meine Kräfte in die richtigen Bahnen lenken.

Während meines Musicalstudiums stand ich parallel schon auf Theaterbühnen, jenen Brettern, die für mich die Welt bedeuteten, und endlich fühlte ich mich zu Hause angekommen, unter meinesgleichen. Es war beruhigend, nicht mehr wie ein bunter Hund aufzufallen. Alle tickten ähnlich wie ich. Wir wollten das Beste aus uns herausholen, unserer Berufung folgen.

Zwischendurch meldete sich aber auch immer wieder die Suchende in mir: Was wartete noch auf mich? Was gab es noch für mich zu tun? Was war der nächste Schritt?

Die Antwort fand ich, indem ich anfing, meine eigene Musik zu schreiben, Konzerte zu geben, Projekte umzusetzen und vor allem in einer Sache: dem Unterrichten!

Wie sinnvoll erschien es mir auf einmal, mein Wissen weiterzugeben. Ich begriff, das Singen nichts Exklusives, nur für Profis, ist, sondern dass jeder singen kann – und unbedingt auch sollte!

Singen liegt in unserer Natur!
Es ist etwas zutiefst Menschliches!

Also fing ich an, persönlich oder online, Einzelunterricht und Workshops in Stimmbildung und Gesang zu geben, und immer mehr Schüler kamen, alle mit demselben Wunsch: Sie wollten ihre Stimme (wieder)finden!

Und ich durfte und darf sie begleiten.

Auch wenn meine Tochter sich im Moment noch manchmal für mich fremdschämt, weil jeder im Internet sehen kann, wie ich lustige Gesangsübungen vormache, bin ich bereit, es weiterhin zu tun, wenn ich dadurch nur einen einzigen inspirieren und ermutigen kann, mitzusingen!

Es ist meine tiefste Überzeugung, meine Mission, es ist mir eine Herzensangelegenheit und eine Ehre zu teilen, was ich mein ganzes Leben mache: singen!

Augen zu und singen

Vor kurzem fuhr ich mit dem Auto auf einer stark befahrenen Straße an einer Bushaltestelle vorbei. Ich traute meinen Augen kaum, denn ein junger Mann tanzte und sang so ausgelassen, als würde ihn niemand beobachten. Dabei kam vor lauter Gafferei fast der gesamte Verkehr zum Erliegen. Dies schien ihm jedoch völlig egal zu sein, ich glaube, er bemerkte es noch nicht einmal, so versunken war er in seine Musik.

Das erste, was ich dachte, war: Er muss betrunken sein! Der zweite Gedanke, vielleicht ist er geisteskrank, war auch nicht viel besser. Den löste dann aber, Gott sei Dank, gleich ein dritter Gedanke ab: Er ist der Normale!

Er macht, was jeder machen sollte, um glücklich zu sein. Er tanzt und singt. Er hat und verbreitet gute Laune, er denkt nicht darüber nach, was die anderen denken. Es interessiert ihn nicht, ob er gut singen kann oder nicht. Er tut es einfach.

◦ Vielleicht gehörst du zu denjenigen, die denken, sie können nicht singen?
◦ Vielleicht würdest du lieber eine Runde nackt um den Block gehen, als ein Lied vor Publikum singen?
◦ Vielleicht hat dir jemand irgendwann im Leben gesagt, du musst leiser sein, einen netteren Ton anschlagen?

◦ Vielleicht hast du sogar Sätze gehört wie: »Deine Stimme klingt schrecklich! Hör auf zu singen!«?

Dann herzlich willkommen!

Es geht dir so, wie fast jedem meiner Schüler und wie mir, als mir in der Grundschule meine Lehrerin vor versammelter Klasse sehr eindrücklich untersagte, weiter mitzusingen, weil ich ihrer Meinung nach stimmlich völlig unzulänglich, zu tief und zu schief, die Harmonie des Chores störte.

Ich erinnere mich an die Demütigung, den Kloß im Hals, aber vor allem an die Freude, die Leichtigkeit, welche ich beim Singen empfunden hatte und die sich innerhalb einer Sekunde in Scham, in Leere, in Stille auflöste. Sie hatte mir mit einem Satz etwas sehr Wichtiges genommen: meine Stimme!

Du ahnst, ich habe es mir nicht nehmen lassen, mir meine Stimme zurückzuholen …

Meine Einladung an dich

Finde deine Stimme! Ich helfe dir dabei.

Entwickle dein Selbstbewusstsein und deine Kreativität.
Empfinde Lebensfreude und Leichtigkeit.
Du hast ein Recht darauf!

Ignorier das Urteil der anderen und dein eigenes,
wenn es dich runterzieht.

Probier was aus! Atme, schreie, weine, lache.
Sei laut, sei leise,
breite deine Arme aus:
Mach die Augen zu und sing!

Ich verspreche dir, es wird dein Leben verändern.

Jeder kann singen

Hier ist die gute Nachricht: Wir alle sind mit einem Geschenk auf die Welt gekommen:

Jeder hat eine Stimme!
Unverwechselbar, einzigartig!

Die Stimme ist ein charakteristisches Merkmal von uns Menschen und hat, je nach Timbre – der Klangfarbe – einen hohen, individuellen Wiedererkennungswert. Du kannst sie trainieren, denn Stimmbänder sind eingebettet in Stimmmuskeln – und beanspruchst du Muskeln gezielt, machst du sie fit!

Also, wenn du regelmäßig Atem- und Gesangsübungen machst, wirst du automatisch immer besser singen können.

Wenn du eine Vorstellung von Tönen und Melodien bekommst, indem du viel Musik hörst oder vielleicht sogar ein Instrument lernst, dann wird es dir von Tag zu Tag leichter fallen, Tonabfolgen sauber nachzusingen.

Wenn du dich nicht selbst sofort schlecht bewertest, nur weil etwas nicht auf Anhieb klappt, ist die Suche nach deiner eigenen Stimme ein Weg voller Freude. Es entstehen dann manchmal so tiefe, berührende Momente mit dir selbst, dass dir die Tränen übers Gesicht laufen werden.

Ich übe seit fast drei Jahrzehnten mit meiner Stimme

umzugehen und lerne immer noch dazu. Das heißt, du solltest auch Geduld mitbringen.

Ich habe mitunter das Gefühl, ein allgemeiner Irrglaube hat unsere Nation erobert: Singen sei eine besonders unerreichbare Kunstform. Im direkten Vergleich mit Arien schmetternden Starsopranistinnen und Heldentenören mag dies nachzuvollziehen sein, doch für den Otto-Normal-Sänger gilt:

Singen ist etwas ganz Natürliches und einfacher als gedacht!

Ich habe mich schon früher immer gefragt, warum meine Musiklehrerin die Lieder jedes Mal viel zu hoch anstimmte und sich und ihre Schüler in höchste Höhen quälte, statt in einer angenehmen Mittellage zu bleiben. Es hätte uns vieles erleichtert.

Du solltest demnach weder einen klassischen noch sonst einen Sänger imitieren. Versuch nicht so zu klingen wie ein anderer, denn den gibt es schon. Dein Ziel ist es, zu klingen wie du! Das ist authentisch und berührend.

Trau dich, deine Stimme aufzunehmen, zum Beispiel mit dem Handy als Sprachnachricht oder -notiz. Hör sie dir oft an, denn am Anfang klingt sie fremd und ungewohnt.

Man muss sich erst an den eigenen Stimmklang gewöhnen.

Gebrauch deine Bruststimme, die du beim Sprechen benutzt, auch zum Singen, und wechsle nicht zu früh in die Kopfstimme. Hab den Mut für kräftige und laute Töne, egal was die Nachbarn sagen. Meistens freuen sie sich und vielleicht trauen sie sich dann auch zu singen.

Meine Einladung an dich

Warte nicht auf Morgen.
Heute ist ein guter Tag, damit zu beginnen!

Lass dich inspirieren, inspiriere andere und sing
gemeinsam mit Freunden, mit deinen Kindern,
deiner Familie.

In meinen Kursen frage ich die Teilnehmer oft zu Beginn,
welches Wort ihnen als erstes einfällt, wenn ich »Singen« sage.
Manche denken sofort an Freude oder Glück, andere eher an Angst und Scham.
Mein Wort ist: Freiheit!

Welches ist deins?

Bitte atmen

Viele Menschen atmen nicht richtig. Und wer nicht richtig atmet, hat keine Kraft in der Stimme, wird schnell heiser, kann keine Töne halten und keine langen Phrasen singen.

Babys schreien mitunter stundenlang. Schon mal ein heiseres Baby gehört? Nein, weil sie richtig atmen und damit die Power vom Zwerchfell, von der Körpermitte – und nicht aus dem Hals nehmen.

Dafür ist es notwendig, dass du beim Ausatmen dünn wirst und die Luft beim Einatmen, am besten durch die Nase, in den Bauch strömen lässt und dick wirst. Nicht umgekehrt, beim Einatmen dünn werden und die Luft in die Brust ziehen, um dann beim Ausatmen dick zu werden. Wenn du das berücksichtigst, trainierst du dein Zwerchfell und damit deine Stütze, wie die Sänger sagen würden. Wenn du Lust hast, stell dich einfach ans offene Fenster und probier es aus. Lass beim Ausatmen die Luft mit einem Schwung raus und stell dir vor, jeglicher Stress, alle schlechten Gedanken verlassen deinen Körper. Wenn du dann den frischen Sauerstoff in deinen Bauch einströmen lässt, atme in deiner Phantasie Kraft und positive Energie mit ein.

Ich werde manchmal gefragt, ob Atem- und Stimmbildungsübungen auch für Asthmatiker geeignet seien. Das sind sie auf jeden Fall, denn die korrekte, tiefe, ruhige Atmung stärkt die Lunge.

Du solltest beim Sprechen und Singen immer auf ein ausgewogenes Druck-Luft-Verhältnis achten. Damit meine ich, durch zu viel Luft klingt die Stimme hauchig, dünn und zu leise, durch zu viel Druck klingt sie gepresst, rau oder unangenehm laut. Ob du in der für dich richtigen Stimmlage gut gestützt sprichst, erkennst du daran, dass du lange reden kannst, ohne stimmlich angestrengt zu sein.

Wusstest du, dass sich in Asien Hunderte von Leuten morgens vor der Arbeit auf Wiesen zum gemeinsamen Lachyoga versammeln?

Sie produzieren ein gefaktes oder auch echtes Lachen und aktivieren damit gezielt ihr Zwerchfell. Sauerstoff kann in jede Zelle dringen und die Lebensgeister werden geweckt. Warum setzt sich sowas eigentlich nicht bei uns durch? Es gibt allerdings immerhin angeleitete Kurse, die man auch in Deutschland besuchen kann. Nach einem solchen einstündigen Lachyoga-Treffen hatte ich die beste Laune meines Lebens. Ich kann es nur wärmstens empfehlen!

Gute-Laune-Gesangsübungen im Video sehen

SCAN ME

Meine Einladung an dich

Geh nicht zum Lachen in den Keller!
Was hindert dich daran, öfter herzlich zu lachen?
Es ist gut für das Immunsystem und du kannst gleichzeitig
Atmung, Stütze und Stimmer trainieren.

Lach doch mal wieder ungeniert so laut du kannst!

Mir ist es nie schwergefallen, auf der Bühne zu singen und alles zu geben. Allerdings war mir der Applaus nach einem Lied oder am Ende der Vorstellung suspekt, ja fast peinlich. Ich verbeugte mich meistens schamhaft, so schnell ich konnte, um dann geradezu fluchtartig die Bühne zu verlassen. Wenn die Zuschauer so lange klatschten, bis ich noch mal die Bühne zur erneuten Verbeugung betreten musste, war mir das furchtbar unangenehm.

Warum konnte ich die Würdigung so schwer annehmen? Fand ich mich selbst nicht gut genug? Hatte ich in meinen Augen so viel Dankbarkeit, Respekt und Anerkennung nicht verdient?

Selbst Musiker im Orchestergraben sprachen mich darauf an und für mich wurde es zur größten Aufgabe, nicht die Rolle zu meistern, sondern den Applaus anzunehmen. Ich zwang mich, ins Publikum zu schauen, zu lächeln, meine Arme hinter meinem Rücken zu kreuzen, meinen Kopf und meinen Oberkörper bewusst zu senken und mindestens langsam bis drei zu zählen, bevor ich mich aufrichtete.

Mit der Zeit funktionierte es. Langsam machte mir das Verbeugen Spaß. In meiner Fantasie sagte ich den Menschen vor mir auch danke. Dafür, dass sie gekommen waren, zugeschaut und zu dem schönen Abend beigetragen hatten. Irgendwie verbeugten wir uns gegenseitig voreinander! Ich übe dies mit meinen Schülern regelmäßig.

Applaus, Applaus

Vor allem in Workshops mit vielen Teilnehmern sieht man schnell, dass fast niemand den Applaus der Gruppe auf Anhieb gut annehmen kann. Es geht aber nicht nur beim Singen, sondern auch im Leben oft darum, etwas gut Gemeintes annehmen und genauso anderen entgegenbringen zu können.

Meine Einladung an dich

Verbeug dich vor einem imaginären Publikum!
Stell dich aufrecht in die Sängerhaltung, das heißt, gerader Rücken,
Schultern unten, Kinn runter und nach hinten drücken, lächeln!

Fühl dich wie ein stolzer Tenor mit geschwollener Brust,
der die Arie seines Lebens vor Tausenden von Menschen gesungen hat.
Sieh die Zuschauer vor dir! Hör ihren tosenden Beifall, die Bravorufe!
Alle sind aufgestanden, dir zu Ehren!

Du hast es verdient! Du bist etwas Besonderes! Du bist es wert!

Nimm deinen Applaus dankend an!

Ein Mensch hat emotional
kaum mehr zu bieten,
als ein von Herzen
gesungenes Lied.

Stimme heilt Seele

Eigentlich müsste es Gesangsunterricht auf Rezept geben. Beschwerden, die die Bronchien und Atemwege betreffen, Herz-Kreislauf-Erkrankungen, aber vor allem die seelischen Volkskrankheiten wie Burnout, Angststörungen und Depression können durch gezielte Atemübungen und einfaches Singen bekämpft werden.

Ohne Medikamente wird der Körper mit Sauerstoff angereichert und schüttet massenhaft Glückshormone aus. Es ist dadurch beispielsweise nahezu unmöglich, beim Singen Angst zu empfinden. Ganz nebenbei wird Stress abgebaut und das Immunsystem gestärkt. Alkohol und Drogen kann man sich auch sparen, denn in glückselige Rauschzustände kann jeder durch reines Atmen und Singen gelangen.

Es gab Zeiten in meinem Leben, in denen ich dermaßen überarbeitet, überfordert und in körperlich und seelisch schlechter Verfassung war, dass mir das Singen wie ein Rettungsanker vorkam. Ich therapierte mich sozusagen selbst. Und auch meine Schüler berichten über eine Art Selbsterfahrung und bemerkenswert positive Auswirkungen auf ihre physische und psychische Gesundheit.

Jeder hat seine Themen, Ängste und Schwierigkeiten zu lösen. Oft geht es darum, Selbstvertrauen zu erlangen, Sinnhaftigkeit zu empfinden, Blockaden zu lösen, sich von allem negativen Ballast zu befreien, Stress abzubauen.

Beim Singen hast du dazu die Möglichkeit. Du wirst auf eine schöne Art geradezu gezwungen, loszulassen, dich einzulassen, zu fühlen, dich selbst kennenzulernen.

Du weißt, wie sehr dich Musik berühren, Erinnerungen auslösen, sogar zum Weinen bringen kann. Dass sie dir hilft, zu entspannen oder gute Laune auslöst. Nutze das für dich!

Ein Mensch hat emotional kaum mehr zu bieten, als ein von Herzen gesungenes Lied.

Du hast deine Stimme, dein Instrument, immer dabei und sie bietet dir so viele Möglichkeiten, dich auszudrücken und deiner Kreativität freien Lauf zu lassen.

Manche Menschen, die an Parkinson erkrankt sind und deren Bewegungsapparat durch die fehlende Dopaminproduktion schwer geschädigt ist, können, sobald sie Musik hören, häufig uneingeschränkt tanzen. Das Gehirn produziert durch Klänge Hormone, die uns helfen können – in jeder Hinsicht.

Außerdem besteht der Körper zu rund siebzig Prozent aus Wasser; und Töne erzeugen Schwingung. Wenn du singst, versetzt du dich also in Bewegung, in Schwingung, du massierst dich sozusagen von innen und dein Gegenüber wird gleich mitmassiert. Wie herrlich ist das denn!

Vor diesem Hintergrund muss sich ein heranwachsendes Baby im Bauch seiner singenden Mama einfach nur fabelhaft fühlen.

Wie gut kann man sich selbst und anderen mit einem einfachen Lied tun!

Warum singen wir dann so wenig? Hat das etwas mit unserer Kultur zu tun? In anderen Teilen der Welt wird hemmungslos in Häusern und auf Straßen musiziert und gesungen, geklatscht, getanzt, gelacht, alles in bemerkenswerter Lautstärke, ohne dass auch nur einer mit der Wimper zuckt. Was ist mit uns? Können oder wollen wir uns nicht gehenlassen? Ist uns das Risiko eines Gefühlsausbruchs, einer Blamage zu groß? Haben wir Angst aufzufallen?

Wie auch immer, der Preis, den wir dafür zahlen ist hoch. Wir schränken uns selbst ein und fühlen uns weniger frei!

Meine Einladung an dich

Alles, was dich davon abhält,
ganz nach deines Herzens Lust zu singen:

Schmeiß es aus deinem Leben!
Es hat ab jetzt keinen Platz mehr!

Wer schön sein will, muss singen

Mit Mitte zwanzig reiste ich nach Afrika und besuchte ein Dorf der Massai. Eine ältere Dame umarmte mich und führte mich in einen Kreis voll fröhlich singender Kinder und Frauen. Wir hielten uns an den Händen und tanzten. Ich sah Glück und ich fühlte es. Alle lachten und für diese Weile war die Welt in bester Ordnung.

Immer wieder erinnere ich mich daran, wie schön ich diese Menschen fand.

Und es gibt ebensolche magischen Augenblicke im Unterricht, wenn meine Schüler ihre Augen schließen und völlig eins werden mit ihrem Lied, sich fallenlassen. Wie schön sind sie!

Jeder, der in seiner Mitte, im Reinen mit sich selbst ist, hat diese besondere Ausstrahlung, diese glanzvolle Aura.

Eines Tages erreichte mich ein besorgter Anruf eines Lehrers, in dessen Klasse die Mädchen dermaßen stritten, dass sie dadurch das Lernklima regelrecht vergifteten. Der Lehrer erhoffte sich durch einen teambildenden Gesangsworkshop Besserung. Ich weiß, was gemeinsames Singen bewirken kann, doch selbst ich war skeptisch angesichts der offensichtlichen Feindschaft zwischen den jungen Damen. Keine gönnte der anderen das Schwarze unter den Nägeln, sie waren gemein, missgünstig, neidisch und dabei nicht besonders schön. Zu meinem Erstaunen merkte ich jedoch schon nach den ersten Übungen, dass sie langsam auftauten. Nach zwei Stunden intensivem Gesangstraining lösten sich die Spannungen fühlbar auf. Ich sah in leuchtende Gesichter. Statt zänkische, kämpfende Furien sangen unschuldige Engelchen. Um es mit großen Worten zu sagen:

Beim Singen muss Hass der Liebe weichen!

Wenn du singst, fühlst du dich kraftvoll und lebendig und das macht glücklich! Wer glücklich ist, ist schön! Also macht Singen schön!

Wenn mich im Alltag diffuse Gefühle von Angst und Überforderung überkommen, wenn ich in den Spiegel schaue und nichts als ein erschöpftes Gesicht und leere Augen sehe, weiß ich, ich bin mal wieder im Hamsterrad meines Lebens gefangen, strample mich ab, ohne an mich zu denken. In diesen Zeiten bin ich ausschließlich für andere da, gönne mir keine Pause und bin am Ende ausgebrannt. Meine Ausstrahlung bewegt sich im Minusbereich und ich bin auf jeden Fall das Gegenteil von schön.

Schlimm!

Diese Phasen sind ungesund und ich versuche sie systematisch auszumerzen. Es gelingt mir nur mit viel Disziplin, denn ich muss auf genügend Zeit für mich achten, auch mal nein sagen, manches andere sein lassen, um meins zu tun.

Ich verabrede mich aus diesem Grund regelmäßig mit mir selbst: zum Lesen, zum Malen, zum Joggen, zum Michhübsch-machen, zum Liederschreiben, zum Singen. Ich versuche, mich wenigstens für diese Zeit mental von allen Zwängen zu befreien, nicht nur brav zu funktionieren, sondern auch mal etwas Unerwartetes, Spontanes zu tun. Ich nehme mir ein Vorbild an Kindern, die spielerisch, mit Leichtigkeit, unvoreingenommen und wissbegierig an alles Neue herangehen.

Manchmal warte ich darauf, bis alle das Haus verlassen haben und setze mich mit einem Tee auf die Couch, um nichts zu tun. Ohne schlechtes Gewissen, so lange ich möchte. Aus dieser Gelassenheit heraus entstehen neue Ideen und künstlerische Prozesse. Ich regeneriere, ich schaffe Raum, für mich!

Wann hast du dir das letzte Mal Zeit für dich genommen? Gibt es genug Platz für Kreativität in deinem Leben?

Meine Einladung an dich

Verabrede dich heute noch mit dir selbst,
am besten zum Singen!

Vom Hinfallen und Aufstehen

Was macht dir am meisten Angst bei dem Gedanken, ein Lied vor Publikum zu singen? Deinen eigenen Vorstellungen nicht gerecht zu werden? Den Ansprüchen deiner Zuschauer nicht zu genügen? Dich zu blamieren? Zu scheitern? Was aber, wenn das Scheitern auf dem Weg des Künstlers unbedingt dazugehört?

Wenn es hilft, uns kennenzulernen. Uns menschlicher macht. Wenn es uns Demut und Dankbarkeit beibringt. Dann könntest du das Scheitern gelassen auf deinen Weg mitnehmen und daran wachsen.

Die meisten wissen aus Erfahrung, dass Erfolg nur selten vom Himmel fällt. In der Regel hat man hart und ausdauernd dafür gearbeitet, viele Fehler gemacht, daraus gelernt, Frust ausgehalten und sich immer wieder motiviert. Hör nicht auf, an dich zu glauben! Manchmal wirst du gegen Widerstände, vor allem deine eigenen, kämpfen und einiges investieren. Es kostet Kraft und Nerven aber am Ende weißt du das Ergebnis umso mehr zu schätzen.

Mach deinen Weg zum Ziel und sehe, wie wertvoll all deine Erfahrungen sind und was du durch sie wirst.

Ich bin sehr geduldig mit meinen Schülern. So geduldig, wie meine Lehrer es mit mir sein mussten, denn ich bin oft an meine Grenzen und erst mal nicht weiter gekommen. Ich habe Kritik eingesteckt, mit mir gehadert, war verzweifelt, habe geweint.

Ich hatte solches Lampenfieber, dass mir auf der Bühne die Knie schlotterten und mir fast das Mikrofon aus der zitternden Hand fiel. Es gab Pannen und Peinlichkeiten, das Bühnenbild stürzte hinter mir ein, ich vergaß meinen Text, ich sang, hoch fiebernd mit Grippe, in Clubs, für wenig Geld, musste mich auf dreckigen Toiletten umziehen und schminken.

Ich bin hingefallen und es hat wehgetan, aber ich bin wieder aufgestanden, denn aufgeben war keine Option!

All das hat meinen Charakter geformt, wie ausschließlicher Erfolg es nicht vermocht hätte.

Ich weiß jetzt, wie man improvisiert, wenn etwas schief geht, ich habe das Selbstbewusstsein, nicht immer perfekt sein zu müssen, ich freue mich über saubere Garderoben und weiß, dass nichts selbstverständlich ist.

Ich habe mich entwickelt. Auch wenn ich an mir zweifle, auch wenn etwas misslingen könnte, ich tue es trotzdem!

Es gibt so viele Dinge, die ich noch nicht kann und wenn ich deshalb nervös werde, zwinge ich mich, Folgendes zu denken: Freu dich doch! Du bist noch nicht fertig. Du kannst noch vieles entdecken! Du darfst von anderen lernen!

Wie oft stehe ich staunend vor meinen Schülern, Lehrern oder anderen Sängern und bewundere, wie großartig sie sind.

Ich spare nicht mit Lob, denn wir sind soziale Wesen, die sich spiegeln und Wohlwollen und Anerkennung von ihrem Gegenüber benötigen.

Es macht mich traurig, wenn jemand klein gemacht wird oder sich selbst klein macht und sich nicht traut zu singen, nur weil es vielleicht noch nicht perfekt ist.

Wie viele wunderschöne Lieder werden nie gesungen, aus Angst und Scham.

Wie schade! Lass uns das ändern!

Meine Einladung an dich

Mach dein Lieblingspartylied an
und tanz so ausgelassen du kannst!

Danach dreh einen Song auf, bei dem du
mitsingen kannst und sing hemmungslos
so laut mit, dass meine Tante in Amerika
dich hören könnte. Es geht dabei nicht darum,
dass es schön aussieht oder klingt.
Es geht darum, dich nicht zu kontrollieren
und einfach nur riesigen Spaß zu haben!

Sei dir sicher, ich finde dich toll!

Heaven's Touch

Beim Singen gibt es zum einen das Handwerk: Du kannst dir die Anatomie erklären lassen, du kannst verstehen, welche Übungen für was angewandt werden, du kannst deine Fortschritte bewerten und fleißig üben, um technisch immer besser zu werden.

Aber es gibt zum anderen auch eine spirituelle Seite, die ebenso wichtig ist. Denn die Musik vermag auszudrücken, was oftmals tausend Worte nicht schaffen.

Gesang ist eine Sprache, die jeder versteht.

Wenn du singst, kannst du jemanden so tief berühren, wie mit kaum etwas Anderem. Wenn du dich traust, dich mit dem Himmel zu verbinden und das Lied wie durch einen Kanal durch dich durchströmen zu lassen, wird es direkt in die Herzen deiner Zuhörer gelangen und ihr werdet eins, für einen Wunder-vollen Moment ohne Raum und Zeit.

Es hat etwas mit Hingabe zu tun, mit der Auflösung des Egos, welches sehr oft die Kontrolle haben möchte, damit, dich Höherem gegenüber zu öffnen und Dinge zuzulassen, die du mit dem Intellekt nicht begreifen kannst. Es hat mit Bereitschaft und Mut zu tun, anzuerkennen, dass es etwas gibt, das du nicht steuern kannst, das größer ist als du. »Das Göttliche«, wie manch einer es nennen würde. Du kannst es nicht greifen, aber es ist da – vor Allem, wenn du singst!

Als ein Freund von mir mit 35 Jahren an Krebs verstarb, wusste ich mit meiner Fassungslosigkeit und Trauer nicht wohin. Ich setzte mich nach seiner Beerdigung an mein Klavier und schrieb einen Song. Bis zu dem Zeitpunkt hatte ich mir nicht wirklich zugetraut, meine eigene Musik zu schreiben. Aber plötzlich fühlte es sich an, als hätte ich keine andere Wahl, als wäre es meine Pflicht. Ich schob alle Bedenken beiseite und ließ es einfach zu. Wie in Trance schrieb ich weitere Lieder, andere Sänger und Musiker schlossen sich an, alles fügte sich, wir produzierten eine CD und gaben Konzerte. Das Projekt »Heaven's Touch« war geboren. In dieser Zeit lernte ich – wie nie zuvor – beim Singen den Himmel zu berühren und mich von ihm berühren zu lassen.

Und ich verstand, dass alles endlich ist und ich meine Zeit nutzen muss. Dass ich eine Stimme habe und mich trauen kann, sie zu erheben, um Dinge zu sagen, die ich schon immer sagen wollte.

Ich habe meine Chance ergriffen. Ich bin losgegangen und habe Menschen mitgeteilt, was sie mir bedeuten. Ich habe mich bedankt, mich entschuldigt, meine Gefühle ehr-

Den Song »White Snow« aus dem Projekt »Heaven's Touch« im Video sehen

SCAN ME

lich ausgesprochen. Ich habe noch mehr Lieder geschrieben, noch mehr gesungen und dies versucht, meinen Schülern beizubringen, aufrichtig und wahrhaft.

Konzertmitschnitt »Heaven's Touch« im Video sehen

SCAN ME

Meine Einladung an dich

Gibt es jemanden, dem du etwas sagen möchtest?
Dann tu es! Noch gibt es die Gelegenheit!

Du hast eine Stimme! Bitte benutze sie!

Wenn du deine
Stimme findest,
findest du dich selbst.

Mit Stimme zum Erfolg

Überleg mal, in wie vielen Wörtern das Wort »Stimme« enthalten ist: Stimmung, stimmig, zustimmen, einstimmen, bestimmen, Bestimmung, um nur einige zu nennen. Es sind bedeutsame Worte, die etwas mit dem eigenen Ausdruck, mit der eigenen Meinung zu tun haben.

Wie viele Menschen haben ein Problem damit, ihren Standpunkt zu äußern. Wie viele haben regelrecht Panik, wenn sie vor anderen sprechen müssen. Lehrer werden nicht ernst genommen, Führungskräfte für unsympathisch und unnahbar gehalten und Mitarbeiter für unsicher und inkompetent empfunden, häufig wegen mangelnder Stimm- und Sprechtechnik.

Ein Mensch, der eine angenehme Stimme hat, in ruhigem, dennoch bestimmten Ton seine Stellung erläutert, dem wird gerne zugehört und Folge geleistet.

Mir fällt auf, dass zum Beispiel Pädagogen oft zu hoch verlagert sprechen, möglicherweise, um sich den Kinderstimmen anzupassen. Des Weiteren mag vielleicht manch eine Frau denken, dass es netter oder weiblicher klingt, höher zu sprechen und mancher Mann färbt seine Stimme tiefer, um sich männlicher anzuhören. All das kommt allerdings für den Zuhörer unecht und damit unangenehm rüber. Zudem ist das Verstellen der Stimme schlecht für die stimmliche Gesundheit. Nicht selten sind diese Menschen am Ende des Tages heiser, denn sie verlieren dadurch ihre eigentliche, ursprüngliche Stimmfarbe und Stimmkraft. Du wirst respektierter und erfolgreicher sein, wenn du deine Stimme kennst und im Griff hast. Wenn du nicht vor Aufregung stammelst, stotterst und nach Luft schnappst, nur weil du etwas vortragen möchtest. Die Arbeit mit und an deiner Stimme ist also auch eine Art Persönlichkeitstraining.

Wenn du deine Stimme findest, findest du dich selbst.

In meinen Gesangs- und Stimmbildungsworkshops, beispielsweise innerhalb von Firmen, geht es viel um Authentizität, Teambildung und Anti-Mobbing. Wenn ein Manager und seine Angestellten sich gemeinsam an Gesangsübungen entlanghangeln, Lieder erarbeiten und stimmlich gesehen voreinander »die Hosen runterlassen«, sind alle hierarchischen Unterschiede sehr bald vergessen. Die Musik baut eine Brücke zwischen ihnen. Sie begegnen sich auf einer anderen Ebene, ganz pur, von Seele zu Seele und liegen sich zum Schluss meist in den Armen. Wertfrei und vor allem konkurrenzfrei, nehmen sie die Erfahrung mit, dass sie im Grunde alle ähnlich sind und es gemeinsam am besten geht.

Das Gleiche geschieht in Partner- und Mutter-Tochter-Workshops. Sie singen zusammen und das verbindet. Viele Probleme, die sie im Alltag miteinander zu bewältigen haben, lösen sich in diesem Rahmen auf. Sie lernen den anderen auf einmal ganz neu kennen, sehen seine zerbrechliche, unsichere, schwache Seite. Das kann sehr anrührend und heilsam für alle Beteiligten sein. Wenn sie sich über die Stimme begegnen, hat der Kopf Pause und das Herz darf sprechen.

Auch für Jugendliche, die in unserer rasanten, digitalisierten Welt, zwischen all den Reizen und Angeboten, so scheint es, manches Mal den Halt verlieren, kann der Gesang eine große Stütze und eine Möglichkeit sein, ihre Emotionen auszudrücken und zu verarbeiten. Nicht passives Konsumieren, sondern aktives Gestalten steht im Vordergrund.

Eine Gruppe singender Menschen verleiht ein Gefühl der Zusammengehörigkeit und einen sicheren Platz im sozialen Gefüge. Wie simpel und wertvoll dieses Mittel doch ist!

Stimmtraining für mehr Selbstbewusstsein im Video sehen

SCAN ME

Als ich kurz vor Weihnachten in einem völlig überfüllten Laden ein Streitgespräch darüber mit anhören musste, wer, wann, warum an der Kasse vermeintlich vorgedrängelt haben sollte, stimmte ich, um das unerträgliche Gekeife zu unterbrechen, kurzerhand »Jingle Bells« an. Ich hatte mir zwar erhofft, dass sich mehr Anwesende, vor allem beim allgemein bekannten Refrain, zum Mitsingen hätten hinreißen lassen, aber ich war auch schon zufrieden, dass die Streithähne endlich erstaunt Ruhe gaben und sich die Stimmung beim anschließenden Applaus gänzlich aufhellte. Mein kleiner Sohn, der immerhin mitgeträllert hatte, verbeugte sich daraufhin zum allgemeinen Entzücken ausgiebig. Er kann also Applaus annehmen und ich wurde wieder bestätigt darin, was Singen kann: Es schafft ein aggressionsfreies Klima, sorgt für eine positive Gruppendynamik, stärkt die Gemeinschaft und somit jeden Einzelnen.

Wenn das nicht ein Erfolg ist!

Meine Einladung an dich

Such ein oder mehrere einfache Kinder- oder Volkslieder raus
und druck die jeweiligen Texte mehrmals aus.
Trommle die dir nahestehendsten Menschen
deines Umfelds zusammen, gib ihnen die Blätter in die Hand
und bitte sie, gemeinsam mit dir zu singen.

Sieh, hör und fühl, wie es euch dabei ergeht.
Ich wette, es wird wunderbar!

Alle Übungen, die ich im Folgenden für dich zusammenstelle, kannst du dir in verschiedenen Videos von mir anschauen und mitmachen, wann immer du möchtest.

Wenn du ein Klavier hast, kannst du vom d in der Mitte der Tastatur ausgehen und in Halbtonschritten erst runter, dann hochgehen, um dich an den jeweils angeschlagenen Tönen zu orientieren.

Ich beschreibe dir hier jedoch ein Stimmworkout, welches du auch ohne Instrument ausführen kannst. Integriere die Übungen einfach in deinen Alltag, zum Beispiel beim Putzen, Kochen oder Spazierengehen. Im Badezimmer singen garantiert gerade am Anfang besondere Erfolgserlebnisse, denn aufgrund des Halls wird deine Stimme wie durch ein Mikrofon verstärkt und wirkt dadurch voller und kräftiger. Allerdings ist es natürlich etwas geschummelt und du solltest auch in einem »trocken« klingenden Raum in der Lage sein, deine Stimme voll zu entfalten. Auch das Auto ist insofern ein idealer Ort, um zu singen, als dass du so laut sein kannst, wie du möchtest, ohne unerwünschte Zuhörer oder die Befürchtung, jemanden zu stören.

Setz dich nicht unnötig unter Druck, bitte kein Leistungs- und Erfolgszwang! Das Vergnügen steht an erster Stelle! Du weißt am besten, was gut für dich ist. Manches wird sich ungewohnt anfühlen, sollte jedoch etwas wehtun oder zu unangenehm sein, lass es bleiben. Üb lieber öfter, für kürzere Zeit und überanstrenge dich nicht. Mach schlicht Wellness für dich, deinen Körper und deinen Geist. Genieß die Zeit mit deiner Stimme und dir!

Sängerhaltung

Kannst du dich erinnern? Gerader Rücken, Schultern unten, Kinn runter und nach hinten drücken, lächeln, weil es nicht nur hübsch aussieht, sondern dadurch der Raum im Hals weit wird.

Atmung

Wie im ersten Kapitel beschrieben, atme mit einem Schwung auf »fff« aus, bis dein Bauch ganz dünn ist. Lass danach die Luft durch die Nase einströmen und deinen Bauch bis zu den Lenden dick werden. Stell dir einen Blasebalg vor. Wenn man ihn zusammendrückt, entweicht die ganze Luft und er wird dünn. Lässt man los, strömt die Luft ein und er wird dick.

Zwerchfell aktivieren

Drück deinen Bauch mit kleinen Stößen auf »f,s,sch« rein und raus. »f«: Bauch rein, Pause, Bauch raus; »s«: Bauch rein, Pause, Bauch raus; »sch«: Bauch rein, Pause, Bauch raus. Fang langsam an und werde immer schneller,

Gesangsunterricht für Anfänger, Teil I im Video sehen

SCAN ME

bis zum Schluss nur noch auf »s,s,s,s,s...« kleine, schnelle Impulse vom Zwerchfell ausgehen.

Druck-Luft-Ausgleich-Übung

Lass deine Lippen auf »brrrrr« flattern. Denk an ein Kind, welches mit einem Auto spielt und das Geräusch simuliert. Ziel ist es, den optimalen Ausgleich zwischen Druck und Luft herzustellen, sodass du einen gleichmäßigen Luftstrom und damit ein gleichmäßiges Lippenflattern mit Ton produzieren kannst. Wenn du dranbleibst, wird es dir immer länger gelingen. Diese Übung kannst du auch sehr gut anwenden, wenn du viel gesprochen oder gesungen hast und deine Stimmbänder entspannen möchtest.

Stimme aufwärmen

Mach eine genüssliche Kaubewegung, als würdest du etwas Leckeres essen und summe dabei ein »hmmm« und danach ein »njamnjamnjam«. Die tiefen Lagen erfordern mehr Luft und einen lockeren Muskeltonus, wohingegen du in den Höhen mit weniger Luft und mehr Spannung arbeiten musst. Beides ist zu trainieren, damit du dich letztendlich in jedem Register sicher fühlst und somit einen großen Tonumfang beherrschst.

Lungenvolumen vergrößern

Sing einen beliebigen Ton auf »la« und halt ihn solange du kannst. Steh stabil und fall nicht in dich zusammen, wenn du merkst, dass dir die Luft ausgeht. Stopp die Zeit und mach eine kleine Challenge daraus. Versuch, den Ton jedes Mal eine Sekunde länger zu halten.

Sprechstimme

Zähl langsam und deutlich von eins bis zehn. Spiel mit den Tonlagen, der Lautstärke, dem Druck aus dem Zwerchfell und der Luft. Wann fühlt sich das Sprechen für dich angenehm an? Entscheidend ist, dass du deine stimmliche Komfortzone findest, in der du lange reden kannst, ohne angestrengt zu sein. Freunde dich mit deiner Stimme an, lern sie kennen und schätzen. Sag mehrmals hintereinander den Spruch: »Fischers Fritz fischt frische Fische. Frische Fische fischt Fischers Fritz« auf. Artikulier überdeutlich, aber achte darauf, dass dein Kiefer und deine Zunge entspannt bleiben. Solltest du einen Dialekt oder Akzent haben, ist dieser nicht zwingend wegzutrainieren. Es kann eben genau dieses gewisse Etwas an deiner Stimme ausmachen.

Gesangsstimme

Unterscheide zunächst zwischen Brust-, Misch- und

Gesangsunterricht für Anfänger, Teil II
Im Video sehen

SCAN ME

Kopfstimme. Um dies zu erspüren, zieh ein »Jaaaaa« ein Mal durch alle Register. Das heißt, fang ganz tief in der Bruststimme an, wechsle dann in der Mittellage in die Mischstimme – Mixed Voice – und in der hohen Lage in die Kopfstimme. Dann das ganze umgekehrt, von oben nach unten.

Bruststimme

Geh von deiner Sprechstimme aus, deren Resonanz du im Brustbereich spüren kannst. Ruf ein »haaallooo« so laut du kannst. Beton dabei die Vokale. Stell dir vor, jemand auf der gegenüberliegenden Straßenseite soll dich hören, also trau dich, deinen Mund weit aufzumachen und laut zu sein. Nimm die Kraft dafür ausschließlich aus der Stütze und nicht aus deinem Hals! Versuch höher zu gehen und teste, wie weit du deine Bruststimme kontrolliert nach oben ziehen kannst.

Mischstimme

Die Mixed Voice ist das Bindeglied zwischen Brust- und Kopfstimme und eine Kombination aus beiden, wenn du in der reinen Bruststimme nicht mehr weiter nach oben singen kannst und es Zeit wird, Kopfanteile hinzuzumischen. Damit sich dieser Übergang möglichst bruchlos anhört, müssen die Kopfstimmenanteile ohne Nebenluft und gut

Gesangsunterricht für Anfänger, Teil III
Im Video sehen

SCAN ME

gestützt sein, um einen ähnlich vollen und kräftigen Klang zu entfalten wie die Töne des Brustregisters. Wende dafür eine sogenannte Twang-Übung an. Tu so, als hättest du etwas nicht verstanden und posaune ein völlig übertriebenes »häääää« heraus. Es soll sich etwas nasal, schrill, in jedem Fall sehr laut anhören. Das Gleiche erreichst du, indem du wie ein Schaf »mähmäh« mähst oder wie eine Ente »quakquak« quakst. Keine Panik: Effektive Gesangsübungen hören sich nicht zwingend jederzeit schön an!

Kopfstimme

In der hohen Stimmlage benutzt du deine Kopfstimme, bei der – wie der Name schon sagt – der Resonanzraum hauptsächlich dein Kopf ist. Miau dafür in den höchsten Tönen wie ein Kätzchen »miaumiaumiau« oder lach wie eine Hexe »hihihihihi« mit Impulsen vom Zwerchfell. Heb dabei dein Gaumensegel an, als ob du gähnst und achte auf einen guten Stimmsitz, indem du die Töne in die »Maske« platzierst, welche in deiner Vorstellung in dem Stirnbereich zwischen deinen Augen liegen soll.

Nicht nervös werden, nach oben gucken, oder auf die Zehenspitzen gehen, je höher du singst, sondern im Gegenteil, eher nach unten denken, dich erden, Kinn runter und Spannung im Zentrum halten.

Unterschied zwischen Brust-, Misch- und Kopfstimme im Video sehen

SCAN ME

Vokalausgleich-Übung

Lockre deine Gesichtsmuskeln, indem du ein paar Grimassen schneidest. Reih nun die Vokale »a,e,i,o,u« gesungen auf einen Ton und einen Atem hintereinander.

Du solltest den Tonsitz beim Übergang in einen anderen Vokal nicht ändern und eine klanglich ausgeglichene Balance zwischen den hellen (e, i) und dunklen Vokalen (a, o, u) anstreben. Üb dies jeweils in der Brust- und Kopfstimme.

Tonvorstellung

Wenn du ein Instrument zur Hand hast, spiel einen beliebigen Ton und probier daraufhin, denselben mit deiner Stimme exakt zu treffen. Oder hör dir eine eingängige Melodie an und versuch, diese sauber nachzusingen.Trainier deine Tonvorstellung anhand von einfachen Kinder- oder Volksliedern und sing Tonabfolgen so lange, bis sie korrekt sind.

Rhythmusgefühl stärken

Gib dir selbst einen 4/4-Takt vor. Zähl dafür fortlaufend und gleichmäßig von eins bis vier. Klatsch oder schnips gleichzeitig und Punkt genau, erst auf eins und drei und beim nächsten Durchgang auf zwei und vier.

Jeder kann singen!
im Video sehen

SCAN ME

Ein Lied erarbeiten

- Lieblingslied aussuchen und so oft anhören, bis du die Melodie sicher nachsingen kannst. Solltest du den Text noch nicht beherrschen, sing einfach auf »la«.
- Intensiv mit dem Text beschäftigen, ihn gegebenenfalls übersetzen, verstehen, verinnerlichen und auswendig lernen, überlegen, welche Wörter wie zu betonen und auszusprechen sind. Vokale aussingen, aber auch Konsonanten und Satzenden nicht verschlucken.
- Song im Original viele Male text- und melodiesicher mitsingen. Dabei kannst du dich noch am Interpreten orientieren.
- Deinen »Gesangs-Fahrplan« erstellen: wann Brust stimme, wann Wechsel zur Mixed Voice, wann reine Kopfstimme, wie lang ist eine Phrase, wann atmen?
- Ab jetzt deine eigene Version kreieren, dich vom Originalinterpreten lösen und nur noch zum Playback singen (viele Instrumentalversionen gibt es kostenlos im Netz). Das Lied zu deinem machen, in die Musik eintauchen, dich hineinfallen und nicht hetzen lassen. Loslassen, verschmelzen, frei fühlen, glücklich sein!
- Und zu guter Letzt: Trau dich, beim Singen auch in den hohen Lagen deine Bruststimme einzusetzen. Da das deiner Sprechstimme ähnlich klingt, hat es eine natür-

liche, authentische Außenwirkung und ist damit sehr berührend.

Verschiedene Stilmittel

In der Rock- und Popmusik wird sehr bruststimmenlastig gesungen, wohingegen die Klassiker bevorzugt mit ihrer Kopfstimme arbeiten und sie selbst in den tiefen Lagen gebrauchen. Das Vibrato – stark schwingende Töne – wird in der Klassik häufiger angewandt als die beliebten »glatten« Töne der Unterhaltungsmusik.

Jazzsänger bedienen sich mitunter einer hauchigen, leisen, rauen Technik, im Gegensatz zum Musicalbereich, in dem das powervolle, klare, selbst ohne Mikrofon durchdringende Belting – schmettern – zu Hause ist.

Du kannst all diese Stilmittel ausprobieren, dich ihrer bedienen und sie effektvoll einsetzen. Meistens ist weniger allerdings mehr. Am Ende solltest du immer danach streben, deine ganz persönliche Art und Weise des Singens zu entwickeln.

So kannst du dir ein Lied erarbeiten im Video sehen

SCAN ME

Meine Einladung an dich

Plan deine Atemübungen mehrmals die Woche ein, um gute Ergebnisse zu erzielen. Gesangsübungen mindestens zweimal pro Woche, um wirklich Fortschritte zu machen.

Nach und nach werden das richtige Atmen, die Stimmbildung und das Singen zur Selbstverständlichkeit und ein fester Bestandteil in deinem Leben.

Da jede Stimme so individuell wie ihr Besitzer ist, finde deine Vorzüge und Stärken heraus und trainier gezielt das, was dir noch nicht so leicht fällt.

Wenn du alleine übst, erfordert es ein hohes Maß an Selbstkontrolle und Eigenverantwortung. Solltest du unsicher sein, ob du alles richtig machst oder mehr Tipps benötigen, wende dich an einen ausgebildeten Vocal Coach zum persönlichen Unterricht.

Vielleicht möchtest du dich auch mit anderen austauschen und in der Gruppe singen, dann such nach einem guten Chor in deiner Nähe.

Wie, wann, wo auch immer, das Wichtigste ist: Glaub an dich und deine Stimme. Dein Selbstvertrauen sowie deine Stimme werden wachsen!

Lampenfieber haben nicht nur Künstler, die auf der Bühne vor Publikum stehen. Lampenfieber kannst du auch in Alltagssituationen haben, immer dann, wenn du vor Leuten sprechen und etwas präsentieren musst. Das kann ein Referat in der Schule oder im Studium sein, eine Rede, die du vor der Familie halten möchtest oder ein berufliches Meeting, bei dem du ein Projekt vorstellen und deine eigene Meinung vertreten sollst. Damit dir dabei vor Aufregung nicht die Stimme versagt, nenne ich dir jetzt die Erfahrungen, die mir am meisten geholfen haben.

5 Tipps gegen Lampenfieber

Tipp 1
Richtige Atmung

Wenn du hektisch ein- und ausatmest, verlierst du die stabile Stütze deiner Mitte und kommst beim Sprechen oder Singen in Luftnot. Wende die gelernte Sängeratmung an und konzentrier dich auf das Ausatmen und ruhig werden. Achte bewusst darauf, deine Bewegungen zu verlangsamen und nicht zu schnell zu sprechen.

Tipp 2
Gute Vorbereitung

Bereite dich vor deinem Event organisatorisch, körperlich und geistig bestmöglich vor. Überlass nichts dem Zufall, das gibt dir in diesen Punkten schon mal maximale Sicherheit.

Organisatorische Vorbereitung:

- Welche Anziehsachen, in denen du dich wohl fühlst, passen zu dem Anlass am besten?
- Wenn du abgehetzt ankommst, bist du schon gestresst und stehst unter Druck. Hast du also genug Zeit für alles eingeplant?
- Gibt es gegebenenfalls noch einen Soundcheck?
- Möchtest du dir ein Glas Wasser bereitstellen?
- Brauchst du einen Spickzettel?

Körperliche Vorbereitung:

- Achte auf genügend Schlaf!
- Vorher weder zu viel noch zu wenig essen und trinken!
- Hast du deine Stimme aufgewärmt?

Geistige Vorbereitung:

- Hast du dich fachlich ausreichend mit deinem Thema beschäftigt?
- Weißt du genau, was deine Botschaft ist und kannst du sie klar formulieren?

Tipp 3
Die Scheißegal-Haltung

Was kann dir schlimmstenfalls passieren? Andere könnten dich schlecht bewerten, aber vor allem, du könntest unzufrieden mit dir sein. Hängt jedoch dein Lebensglück vom Erfolg ab? Nein, also sei nicht zu streng mit dir, vergiss nicht die Portion Leichtigkeit und Humor. Sag deinen Zuhörern zum Beispiel ganz offen, dass du nervös bist. Unperfektheit kann sehr charmant sein! Vertrau dir und deinen Fähigkeiten! Gib negativen Gedankenmustern keinen Raum! In der Psychologie spricht man von einer selbsterfüllenden Prophezeiung, also motivier dich positiv und geh davon aus, dass du alles schaffst.

Tipp 4
Übung macht den Meister

Wenn du etwas immer und immer wieder tust, verlierst du langsam die Angst davor und es entwickelt sich eine gewisse Routine. Begib dich absichtlich in Situationen, in denen du im Mittelpunkt stehst und üb, damit umzugehen. Lass dich nicht aus dem Takt bringen und fang an zu improvisieren, wenn etwas nicht läuft wie geplant. Mit der Zeit wird es dein Selbstvertrauen stärken und dir Freude bereiten.

Tipp 5
Dich in einen höheren Dienst stellen

Gospelsänger singen so inbrünstig für und zu ihrem Jesus. Ich habe den Eindruck, sie geben sich dabei völlig auf. Sie sind derart mit Sinn erfüllt, es scheint keinen Platz für Aufregung und Beurteilung zu geben. Sie nehmen sich selbst nicht so wichtig! Die Sache ist wichtig!

Verinnerliche also: Du musst nicht, sondern du darfst jemandem dein Wissen vermitteln oder eine Performance bieten und ihn damit bereichern.

Stell dich zurück und erfüll einfach deine Aufgabe.

Demut und Dankbarkeit sind sehr hilfreich gegen Lampenfieber.

5 Tipps gegen Lampenfieber im Video sehen

SCAN ME

Meine Einladung an dich

Schreib eigene Worte an eine Person deiner Wahl.
Das kann ein Gedicht, eine Geschichte, ein langer Brief oder
auch nur ein paar Zeilen sein. Wichtig ist nur:
Du solltest dir den Text selbst ausgedacht haben,
denn das beinhaltet meistens eine besonders
persönliche Aussage.

Lies erst dir das Geschriebene viele Male laut vor
und danach der oder dem Auserwählten.

Achte auf deine Stimme und den Ausdruck.
Vielleicht wird es emotional oder aufregend.
Dann versuch, die fünf Tipps anzuwenden

Sing um dein Leben

Als die Erzieherin meiner Kinder nach langer Krankheit ihre letzten Wochen im Hospiz erlebte, fuhr ich zu ihr, um mich zu verabschieden. Wir hatten über die vielen Jahre ein inniges Verhältnis zueinander aufgebaut. Ich hielt ihre Hand, als sie mir sagte, was für ein erfülltes Leben sie hatte. Vor allem das Singen mit den Kindern trage sie für immer in ihrem Herzen. Ich fragte sie, ob sie Angst vor dem Sterben hätte und sie schenkte mir diese Antwort: »Nein, zu viel Angst haben, das sollte man sein lassen!«

Ich mache mir seitdem noch mehr Gedanken darüber, was die Bilanz ist, wenn ich zurückschaue und wie ich mein Leben in Zukunft gestalten möchte. Ich komme immer wieder zu dem Schluss, dass niemand außer mir die Verantwortung für mein persönliches Glück trägt. Ich meine damit keinen Glückszwang zu jeder Zeit, sondern eine innere Zufriedenheit mit mir selbst. Ich kann dies nicht erreichen, wenn ich pausenlos darüber nachdenke, was andere von mir halten.

Vielleicht nennt es manch einer verrückt, aber ich hätte gerne Spaß an meinem Leben. Ich möchte Träume haben und ich wünsche mir den Mut und die Ausdauer, die wichtigsten davon wahr werden zu lassen.

Was sind deine Träume?

Diese Frage stelle ich auch meinen Schülern und die Antworten sind verblüffend. Manche Wünsche sind so simpel, dass ich mich frage, warum sie bis jetzt nicht in Erfüllung gegangen sind, manche so kühn, dass sie danach schreien, verwirklicht zu werden. Sie sind mir die liebsten, denn ich bin mir sicher, es gibt nichts, was unerreichbar ist! Das haben so viele Träumer bewiesen!

Wenn du mich fragst, ich wünsche mir eine Gesangsschule oder besser noch, ein musikalisches Zentrum am Wasser. Aus jedem Zimmer klingt Musik, ein Ort, an dem man Kraft schöpfen kann. Ein künstlerisches Zuhause für jeden und für mich.

**Wir haben dieses eine Leben.
Nichts sollte dich oder mich davon
abhalten, das Beste daraus zu machen!
Was haben wir zu verlieren?**

Meine Einladung an dich

Schenk jemandem ein Lied!

Ich meine damit, sing vor Publikum. Such dir ein oder mehrere Menschen aus, denen du vertraust, bereite einen Song vor, stell dich aufrecht vor sie und sing, als wäre es deine letzte Gelegenheit.

Genieß den Moment! Denk an nichts,
außer an die Musik und an das, was du durch
sie ausdrücken möchtest. Es muss nicht perfekt sein, gib einfach
alles, was du hast.

Es ist dein Leben!
Zu viel Angst haben, das solltest du sein lassen!

Mach die Augen zu und sing!

Nachwort

Ich weiß, es klingt naiv und ich weiß, es gibt nicht immer Grund dazu, aber ich kann nicht aufhören an das Gute zu glauben. Ich bin ein hoffnungsvoller Optimist, vielleicht, weil ich so viel singe.

Die schönsten Momente in meinem Leben haben fast immer etwas mit Musik zu tun.

Wenn ich alt und grau bin, werde ich daran denken, wie ich mit einem Freund im Regen zu einer italienischen Arie getanzt habe oder an jedem Weihnachtsfest mit meinem Vater. Ich werde mich an die Geschichten meiner Lehrer und Schüler erinnern und an die Stimme meiner Mutter, die mir als kleines Mädchen jeden Abend ein Schlaflied gesungen hat. Ich werde an die schönsten Konzerte und atemberaubendsten Melodien denken und niemals vergessen, wie meine Kinder neben dem Klavier lagen, während ich meine Musik schrieb und wie oft wir miteinander gesungen haben.

An was wirst du dich erinnern?

In jedem steckt ein Künstler!
Manch einer hat ihn vergessen oder vergraben. Erwecken wir ihn zum Leben!

Meinen Beitrag kann ich dadurch leisten, dass ich animiere zu singen. Ich fühle mich damit nur manchmal ein wenig allein.

Darf ich dich um einen Gefallen bitten? Würdest du mich dabei unterstützen, Lieder in die Welt hinauszutragen? Können wir gemeinsam das Singen in unsere Familien holen und unseren Kindern, unseren Freunden, einfach jedem schenken?

Lass uns nach vorne gehen, wenn sich kein anderer traut, die Hände zum Himmel strecken, unsere Augen schließen und singen! Singen bis alle mit einstimmen!

Wir haben die Möglichkeit, damit Freude zu verbreiten und die Welt ein bisschen runder zu machen!

Wenn wir alle mehr singen, wird unser Leben schöner! So einfach ist das!

Mir fällt gerade ein neues Wort ein, wenn ich an Singen denke:

zusammen!

Nadin Isu absolvierte ihre Abschlüsse als Diplom-Musicaldarstellerin und Diplom-Gesangspädagogin im Jahr 2004 an der Hochschule für Musik und Theater in Leipzig. Es folgten zahlreiche Engagements als Hauptdarstellerin an Theaterbühnen. Solistisch arbeitete sie im In- und Ausland, gab Konzerte, wirkte bei CD-Produktionen, Film- und Musikvideodrehs mit. 2013 nahm sie ihre Tätigkeit als Dozentin für das Hauptfach Gesang auf und konzipierte, ganz nach dem Motto ihres Nachnamens, die ISU®-Methode des IndividuellenStimmUnterrichts – ein Training, bei dem alle auch ohne Vorkenntnisse ihre Stimme mit viel Spaß und Leichtigkeit kennenlernen und entwickeln können. Sie widmet sich persönlich sowie online zahlreichen Stimmbildungs- und Gesangskursen, Vorträgen, Seminaren und Workshops. Zuletzt konzentrierte sie sich auf das Schreiben und Produzieren ihrer eigenen Musik in den Projekten »Heaven´s Touch« und »Alles auf Rot« und fasste ihr Wissen in diesem Buch zusammen.

www.nadin-isu.de